Ti a warekia

Te korokaraki iroun Ruiti Tumoa
Te korotaamnei iroun Jovan Carl Segura

Library For All Ltd.

E boutokaaki karaoan te boki aio i aan ana reitaki ae tamaaroa te Tautaeka ni Kiribati ma te Tautaeka n Aotiteeria rinanon te Bootaki n Reirei. E boboto te reitaki aio i aon katamaaroaan te reirei ibukiia ataein Kiribati ni kabane.

E boreetiaki te boki aio iroun te Library for All rinanon ana mwane ni buoka te Tautaeka n Aotiteeria.

Te Library for All bon te rabwata ae aki karekemwane mai Aotiteeria ao e boboto ana mwakuri i aon kataabangakan te ataibwai bwa e na kona n reke irouia aomata ni kabane. Noora libraryforall.org

Ti a warekia

E moan boreetiaki 2022
E moan boreetiaki te katootoo aio n 2022

E boreetiaki iroun Library For All Ltd
Meeri: info@libraryforall.org
URL: libraryforall.org

Te korotaamnei iroun Jovan Carl Segura

Atuun te boki Ti a warekia
Aran te tia korokaraki Tumoa, Ruiti
ISBN: 978-1-922910-66-0
SKU02418

Ti a warekia

Ti a kannaa te
kateetee aei

Te mwangkona

1

1
2

Uamwangko

Tenimwangko

1
2
3

1
2
3
4

Amwangko

Nimamwangko

1
2
3
4
5

1
2
3
4
5
6

Onomwangko

Itimwangko

1
2
3
4
5
6
7

1
2
3
4
5
6
7
8

Wanimwangko

Ruamwangko

1
2
3
4
5
6
7
8
9

1
2
3
4
5
6
7
8
9
10

Tengaun

A bane n on taian mwangko

1
2
3
4
5
6
7
8
9
10

Ko kona ni kaboonganai titiraki aikai ni maroorooakina te boki aio ma am utuu, raoraom ao taan reirei.

Teraa ae ko reiakinna man te boki aio?

Kabwarabwaraa te boki aio.
E kaakamanga? E kakamaaku?
E kaunga? E kakaongoraa?

Teraa am namakin i mwiin warekan te boki aio?

Teraa maamaten nanom man te boki aei?

Karina ara burokuraem ni wareware
getlibraryforall.org

Rongorongon te tia korokaraki

E bungiaki Ruiti Tumoa i Tarawa ao e maamaeka ni kaawana ae Bikenibeu. E taatangirii aia boki ni karaki ataei. Ngke e uareereke, ao e rangi n taatangira te boki ni karaki ae atuuna 'The Little Mermaid'. E taatangiria ni kabanea ana tai ma ana utuu, ni kamaangngang ao n tebotebo i taari. E maamate naba nanona n te kuuka.

Ko kukurei n te boki aei?

Iai ara karaki aika a tia ni baarongaaki aika a kona n rineaki.

Ti mwakuri n ikarekebai ma taan korokaraki, taan kareirei, taan rabakau n te katei, te tautaeka ao ai rabwata aika aki irekereke ma te tautaeka n uarokoa kakukurein te wareware nakoia ataei n taabo ni kabane.

Ko ataia?

E rikirake ara ibuobuoki n te aonnaaba n itera aikai man irakin ana kouru te United Nations ibukin te Sustainable Development.

libraryforall.org

www.ingramcontent.com/pod-product-compliance
Lightning Source LLC
Chambersburg PA
CBHW040315050426
42452CB00018B/2854
* 9 7 8 1 9 2 2 9 1 0 6 6 0 *